cookpad 337万レシピから厳選

クックパッドの

裏ワザ料理ベスト100

「クックパッド」337万を超えるレシピの中から、
特に人気のある「使える裏ワザ」を、100個選び抜きました。
かしこく"手抜き"したり、一手間ですご〜く美味しくなったり、
長持ち保存で"お得"になったり、家族で楽しく盛り上がったり……。
クックパッド・ユーザーのキッチンで生み出された「知恵」で、
毎日のお料理が楽しく、簡単に、美味しくなります!

ダイヤモンド社

目次

第1章

"手抜き"なのに絶品！
定番料理の裏ワザ

第2章

こうすればいいんだ！
食材保存の裏ワザ

第3章

驚き！楽しい！感動！

意外な組み合わせで絶品料理

第4章

すごい！ かんたん！ 便利！

料理の小ワザ・裏ワザ

第 **5** 章

思わずつくってみたくなる!

デザートの 裏ワザ

料理・スタイリング	松井あゆこ
調理アシスタント	田頭志保／平野みゆき／爲我井あゆみ／山中智子／sue
装丁・DTP	岡 睦／更科絵美（mocha design）
写真	田部信子／野口好史（クックパッド）
イラスト	福田玲子
制作協力	クックパッドをご利用のみなさん
校正	小倉優子
コーディネート	大村祐美子（クックパッド）
編集	田中泰
Special thanks	スタジオナッツ

【表記について】

- レシピのタイトルと作者名、レシピIDは、各レシピの末尾に掲載されています。
- サイトに掲載されている元のレシピをご覧になりたい場合は、レシピIDを利用してクックパッド（https://coocpad.com）で検索してください。
- 「材料」は、人数や個数を明記しているものを除き、基本的にクックパッドに掲載されている内容と同様の作りやすい分量で記載しています。ただし、必要に応じて加筆した部分があります。
- 「手順」は、レシピ作者の意図が変わらない範囲で、表記の統一や、スペース調整のために再編集しています。
- 「ポイント」は、クックパッドに掲載されている「コツ・ポイント」を参考に、編集部からの注意点やコツなども掲載しています。
- 計量単位は大さじ1=15ml、小さじ1=5ml、1カップ=200mlです。
- 調味料は特に記載のないものは、砂糖は上白糖、塩は食塩、酢は穀物酢、醤油は濃口醤油を使用しています。
- 電子レンジやオーブントースター、オーブンなどの加熱時間は、機種により差が生じることがありますので、ご注意ください。
- 電子レンジやオーブントースター、オーブンなどで加熱調理する際は、付属の説明書に従って、耐熱性の器などを使ってください。
- 液体を電子レンジで加熱する際、突然沸騰する場合があります（＝突沸現象）ので、ご注意ください。電子レンジの取り扱い説明書に従ってお使いください。

第**1**章

"手抜き"なのに絶品！
定番料理
の
裏ワザ

皮がパリッパリ！
鶏もも肉ステーキ

パリッパリ！

裏ワザ！

「水」の重みで
パリッパリに焼き付け、
中から肉汁があふれる！

材料（1人分）

鶏もも肉…1枚（約300g）　　　油…小さじ1
塩、こしょう…各少々

つくり方

1

鶏肉を開いて厚みを均一にする。黄色い脂がある場合は取り除く。両面に塩、こしょうをふる。

2

フライパンに油を入れて中火で熱し、温まったら**1**を皮の方から焼く。

3

裏ワザ！

アルミホイルなどをかぶせ、**水を張った鍋やボウル（総重量約500g）をのせる。**

4

3分くらいすると、脂が写真のように出る。鍋をおろして皮目を見て、焼き色が薄ければもう少し焼く。

5

上下を返して、少し弱火にして5分焼く（ふたは不要）。火が通っていない場合はもう少し焼く。取り出して、3分くらい放っておく（すぐに切ると肉汁が出てしまう）。切り分けて器に盛り、お好みでソース（分量外）をかけていただく。

POINT!　“重し”にする鍋やボウルは、底が大きいものがよい。塩、こしょうは、ハーブソルトと黒こしょうがおすすめ。

10分でできる！
鶏むね肉の照り焼きチキン

お肉がやわらか！

裏ワザ！

鶏むね肉の切り方を
工夫して、冷めても
やわらかい照り焼き！

材料（2人分）

鶏むね肉…1枚（約250g）
☆片栗粉…大さじ1
☆酒…大さじ1
ごま油、マヨネーズ、
　刻み海苔、白いりごま
　…各適量

〈合わせ調味料〉

醤油…大さじ2
砂糖…大さじ2
みりん…大さじ2
酒…大さじ2

つくり方

1

鶏肉は繊維に垂直に
そぎ切りにする。
☆を全体に絡める。

裏ワザ!

2

フライパンにごま油を熱し、**1**
を並べて両面を焼く。

3

肉の両面に焼き色がついたら、
合わせ調味料を加える。ふたを
して蒸し焼きにする。

4

汁気が少なくなってきたらふた
を取り、フライパンをゆすって
絡めるように仕上げる。お好み
で、マヨネーズ、刻み海苔、白
ごまなどをトッピングしていた
だく。

POINT! 〈手順2〉で焼きすぎると、パサッとしてしまうので注意する。トッピングには、ねぎ、
七味唐辛子なども合う。

簡単過ぎる♡♥鶏胸肉の照り焼きチキン　by 梅ミッキー　レシピID：2399725

ひと工夫で超ジューシー！
鶏の唐揚げ

肉汁ジュッワ〜！

裏ワザ！ 「二度揚げ」で肉汁ジュッワ〜、
外はパリッパリの絶品唐揚げ！

材料（つくりやすい分量）

鶏もも肉…300g
〈合わせ調味料〉
  にんにく（すりおろし）…1かけ
  しょうが（すりおろし）…1かけ

酒…大さじ2
醤油…大さじ1と1/2
ごま油…小さじ1
溶き卵…1/2個分

☆薄力粉…大さじ1と1/2
☆片栗粉…大さじ1と1/2
揚げ油…適量

つくり方

1

鶏肉は大きめの一口大に切る。ポリ袋に入れ、合わせ調味料をよくもみ込み、冷蔵庫で30分ほどおく。

2

溶き卵を入れてよくもみ込み、30分ほどおく（時間がなければすぐに**3**へ）。

3

2に☆を入れて混ぜる（カリッと仕上げたい場合は、ボウルに☆を合わせ、汁気を切った鶏肉を入れてまぶすとよい）。

4

中温の油で揚げる。

5

裏ワザ！

揚げ色が薄いうちに取り出し、2～3分おく。油を高温に上げ、鶏肉を戻し入れて、こんがり良い揚げ色がつくまで、1～2分揚げる。

秘密の黄金比だれ！
やわらか豚のしょうが焼き

うま味
たっぷり！

裏ワザ！ 5つの材料を混ぜるだけ！

材料（2人分）

豚肉（お好みの部位）… 250g
玉ねぎ… 1/2個
小麦粉… 少々
サラダ油… 適量

〈秘密の黄金比だれ〉

醤油、酒、みりん… 各大さじ2
三温糖… 小さじ2
しょうが（すりおろし）… 1かけ

つくり方

1

裏ワザ!

「秘密の黄金比だれ」
の材料を混ぜておく。

2

豚肉に薄く小麦粉をまぶす。

3

フライパンにサラダ油、豚肉、
薄切りにした玉ねぎを入れ、弱
火で加熱する。

4

豚肉の色が変わったら、**1**を回
しかける。中火でしっかり焼き
絡める。

POINT!

小麦粉をまぶすとたれがよく絡まり、旨みをコーティングしてくれる。熱々のフライパ
ンに豚肉を入れると硬くなるので、着火前に入れるのがポイント。弱火でじわじわ焼き、
たれを回しかけたら中火に。生しょうががなければ、チューブでもOK。

5分でハンバーグ丼！
合いびき肉と玉ねぎ炒め

裏ワザ！ 手でこねないからすぐできる！
ハンバーグの味がする超速「丼メシ」

たった5分！

材料（3人分）

合いびき肉… 200g
玉ねぎ… 1個
☆トマトケチャップ、ソース
　… 各大さじ3

☆醤油… 大さじ1/2
☆バター… 5〜10g
☆こしょう… 適量
ご飯… 適量

〈トッピング（お好み）〉
レタス… 適量
温泉卵… 3個

つくり方

1

玉ねぎはみじん切りにし、フライパンでじっくり炒める。

2

1にひき肉を入れて炒める。

3

裏ワザ！

☆を入れ、ひと煮立ちさせる（丼なのでしっかりめの味にする。足りなければ塩で調整。こしょうはたっぷり）。器にご飯を盛り、細切りにしたレタスを敷いたうえにかけ、仕上げに温泉卵をのせる。

POINT!

玉ねぎをじっくり炒め、甘みと旨みを出してからひき肉を投入するのがコツ（みじん切りのにんじんや椎茸を混ぜても）。ひき肉は炒めすぎると脂が出すぎるので注意する。仕上げに、お好みで粉チーズかとろけるチーズを散らすのもおいしい。

揚げない！
ハーブ風味のエビフライ

裏ワザ！ こんがり焼き上げて、
パリッパリのフライに！

油で揚げない！

材料（2人分）

えび… 8〜10尾
ハーブソルト…小さじ1/2〜1
小麦粉…適量

溶き卵…1個分
パン粉…適量
サラダ油…少々

つくり方

1

裏ワザ！

パン粉とサラダ油を耐熱皿で混ぜ、電子レンジ（ラップ無し）で1分加熱してよく混ぜる。キツネ色になるまで繰り返す。

2

えびは背ワタ・殻を取り、腹側に斜めに切り込みを入れる。ハーブソルトをふって20分ほどおく。

3

裏ワザ！

2に小麦粉、溶き卵、**1**をまぶし、オーブンやオーブントースターなどでこんがり焼く（オーブンの場合、210℃で10〜15分）。

POINT! ハーブソルトがない場合は、ドライハーブ＋塩でOK。

牛乳とチーズでつくる！
濃厚カルボナーラ

裏ワザ！

生クリームを使わない！
冷蔵庫にあるもので
簡単にできる！

ねっとりオイシイ！

材料（2人分）

お好きなパスタ（ショートもOK）…200g
ベーコン（またはハムなど）…お好みの量
玉ねぎ…1/2個
オリーブオイル…適量
にんにく（みじん切り）…適宜

塩、黒こしょう…各適宜
☆牛乳…150mℓ〜
☆スライスチーズ…3枚
卵…1個

つくり方

1

玉ねぎは薄切り、ベーコンは食べやすい大きさに切る。パスタは、表示のゆで時間より少し早目に上げる。フライパンにオリーブオイルを熱し、にんにく、ベーコン、玉ねぎの順に入れて中火で炒める。ベーコンはカリッカリになるまで炒めると旨さが増す。

2

裏ワザ!

1に☆を入れ、弱火でチーズを溶かす（溶けやすいように、チーズを手で小さくちぎる）。

3

チーズがやわらかくなったらパスタを入れ、弱めの中火で熱しながら、塩、黒こしょうで味を調える。

4

火を止めて、割りほぐした卵を全体にかけ、手早く絡める。

POINT! スライスチーズの代わりに、お好みのチーズで試してみても。

フライパンひとつで完成！
絶品クリームパスタ

パスタ店の味！

裏ワザ！

ほんの少しの味噌がコクを生む！
家にある材料でプロの味！

材料（1人分）

パスタ…80〜90g

しめじ、舞茸、エリンギ等お好みのきのこ
　…お好みの量

バター（またはマーガリン）…10g

にんにく（みじん切りまたはチューブでも可）
　…1/2かけ

塩…少々

こしょう…少々

☆牛乳…200㎖

☆水…200㎖

☆顆粒コンソメ
　（または鶏がらスープの素）…小さじ1

★スライスチーズ…1枚

★味噌…小さじ1/2

レモン汁…少々

飾りの青み（写真はブロッコリースプラ
　ウト）…適宜

黒こしょう…適宜

つくり方

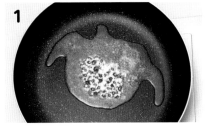

きのこを食べやすい大きさにほぐすか切る。フライパンにバターとにんにくを入れ、焦がさないよう弱火にかける。

1の香りが立ってきたらきのこを入れ、塩、こしょうを軽く振って炒める。☆を加える。

パスタを入れてしばらく混ぜ合わせる。半分折って入れると、焦げたりしないのでおすすめ。

3をしばらく中火で煮込む。途中、ときどき混ぜてパスタがくっつかないよう注意する。水分が半量弱になったら★を入れ、さらに煮込む（ほんの少しの味噌でコクが出る）。
レモン汁を加えて混ぜ、味をみて薄ければ塩を足す。器に盛り、黒こしょうを振り、飾りの青みをのせる。

POINT! チーズを入れると急にとろみが増すので煮つまりに注意。レモン汁が牛乳のタンパク質を固め、さらにとろみがアップする。低脂肪乳を使用する場合は、〈手順4〉でコーヒーフレッシュ2個をプラスするのがおすすめ。

火を使わない！
ナポリタン焼きそば

めちゃ
カンタン！

裏ワザ！ 具材をクッキングシートで巻いて
レンジでチンするだけ！

材料（1人分）

焼きそば麺…1玉
ピーマン…1個
玉ねぎ…1/4個
ベーコン…1枚

〈合わせ調味料〉
トマトケチャップ…大さじ2
ウスターソース…小さじ1
オリーブオイル…小さじ1/2
塩、こしょう…各少々
粉チーズ…小さじ1/2

つくり方

1 ピーマンは細切り、玉ねぎは薄切りに、ベーコンは1cm幅に切る。クッキングシートに麺、野菜、ベーコンをのせ、合わせ調味料をかける。

2 クッキングシートの手前と奥を折る。

3 裏ワザ！

クッキングシートの両端をくるくる巻いて、耐熱皿にのせて電子レンジ（600W）で3分加熱する。麺と野菜、調味料をよく混ぜ合わせて、粉チーズをかける。

POINT! 野菜に味がつきにくいので、合わせ調味料を上からかけるようにして入れると味がよくつく。

究極手抜き！
簡単なめらかホワイトソース

クリーミー！

裏ワザ！　　全部一緒に混ぜるだけで、
極上ソースが完成！

材料（2人分）

強力粉（薄力粉でも可）…大さじ2 　　固形コンソメ…1個
バター…大さじ1 　　　　　　　　　　塩、こしょう…各適量
牛乳…200〜250㎖

つくり方

1 　裏ワザ！

深めのフライパンに塩、こしょう以外の材料を入れる。

2 　裏ワザ！

中火にかけ、シリコン製の泡立て器またはヘラで、とろみがつくまでただひたすら混ぜ続ける（少量の場合はフォークで混ぜてもなめらかになる）。写真くらいのとろみがついたら、塩、こしょうで味を調える。

3

お好みの料理に使う。

POINT！ 　牛乳の量によって濃度を変えることで、料理の幅が広がる。例えば、牛乳を減らしてクリームコロッケに、牛乳を増やしてスープにするなど。

生地がいらない！
じゃがいもサクサクピザ

サックサク！

裏ワザ！ フライパンで細切りじゃがいもを
カリカリに焼くだけ！

材料（約2人分）

じゃがいも…大3個
塩、こしょう…各適宜
オリーブオイル…大さじ2
トマトケチャップ
　（またはピザソース）…大さじ4

〈トッピング〉

玉ねぎ…1/2個
ピーマン…1個
ウインナー…3本
ベーコン…4枚

ピザ用チーズ…適量
パセリ（みじん切り）
　…適量

つくり方

1

じゃがいもを細切りにする（水にさらさない）。塩、こしょうはお好みでふる。

2

フライパンにオリーブオイルを入れて中火にかけ、**1**を均等に並べて蓋をする。

3

裏ワザ!

生地をカリカリ＆サクサクにしたいときは、ここでオリーブオイル少々（分量外）を回し入れる。

4

裏ワザ!

両面が焼けたら、トマトケチャップを塗り、食べやすく切ったトッピングとチーズを散らして蒸し焼きにする。チーズが溶けたら完成。彩りにパセリをちらして、生地がカリカリサクサクのうちにいただく。

編集部より
じゃがいもの種類によっては、固まりにくいかもしれないので、上下を返すときに崩れそうな場合は、水で溶いた小麦粉を回し入れるとよい。

POINT!
じゃがいもは水にさらすとバラバラになってしまうので、切ったらそのまま使う。トッピングは生でもよいが、火を通しておくとより美味しい。

ピザ用チーズでつくる！
ホットプレート de
チーズフォンデュ

とろ〜り！

裏ワザ！

「チーズフォンデュの素」を使わなくても、
簡単 & めっちゃ美味しい！

材料（3〜4人分）
ピザ用チーズ… 250〜280g
コーンスターチ（または片栗粉）… 小さじ2
牛乳… 100㎖
ブロッコリー、パン、ウインナーなど …各適量

つくり方

1

野菜、パン、ウインナーを適当な大きさに
切る。野菜はゆでておく。ホットプレート
に、真ん中を空けてぐるりと囲むように具
材を並べ、ホットプレートを温める。

2 裏ワザ!

耐熱皿にピザ用チーズを入れ、コ
ーンスターチをふり入れて全体に
まぶす。

3 裏ワザ!

牛乳を加え、電子レンジ（600W）
で2分〜2分30秒加熱して溶かす。
耐熱皿をホットプレートにのせ、
ヘラで混ぜながら完全に溶かす。

チーズの種類によってはこんなに伸びる。

POINT!
具材はじゃがいも、うずら卵、ベーコン、しいたけ、ミニトマトなども美味しい。　チ
ーズは電子レンジで8割ほど溶かし、あとはホットプレートにのせてから完全に溶かす。
コーンスターチは片栗粉でも代用可だが、コーンスターチのほうがおすすめ。

フライパン不要！
箱入り目玉トースト

かわいい！

裏ワザ！

組み立ててトースターで焼くだけ！

材料（つくりやすい分量）
食パン（6枚切り）…1枚
マヨネーズ…適量
卵…1個
塩、こしょう、粉チーズ…各適量

つくり方

1

パンの耳を5mm切り取る。

2 裏ワザ！

パンの4辺にマヨネーズをぬり、
耳をフレームのようにくっつける。

3 裏ワザ！

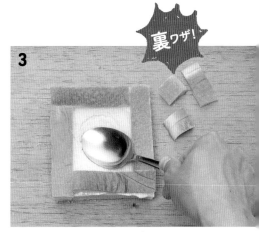

四隅もしっかりつけ、スプーンでパン
の中心をへこませる。

4

パンの中心に卵を割り入れ、塩、こしょう、
粉チーズをふる。オーブントースターの弱
で、卵がある程度固まるまで焼く。余った
耳は同時に焼いてクルトンにする。

POINT! 〈手順2〉以降は天板の上で行うと動かさずに済み、崩れにくい。グリルの場合は弱で
約7分、オーブンなら240℃で約15分が目安。好みでピザ用チーズなどをのせてもおい
しい。

オイル不要！
ホテルの朝食
スクランブルエッグ

とろっとろ！

裏ワザ！　あっという間に、
極上のとろっとろが出来上がる！

材料（1～2人分）
卵…2～3個
牛乳（または動物性生クリーム）
　…大さじ2～3（卵1個に対して大さじ1）
塩、こしょう…各適量

つくり方

1

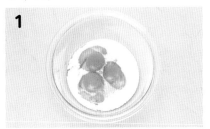

大きめのフライパン（または鍋）に湯を沸かす。そのフライパンに入る大きさの耐熱ボウルに材料をすべて入れて、よく混ぜる。

3

ボウルの縁と底から卵が固まってくるので、それを中心に寄せながら混ぜる。これを数分繰り返す。

2

裏ワザ！

フライパンを強火にかけ、グツグツ沸騰している中に**1**をボウルごと入れ、湯煎にかける。

4

写真のように卵全体がとろとろになる一歩手前で、ボウルを湯煎からはずす（「ちょっと早いかな」というくらいでOK）。全体を数回混ぜる。

POINT!

卵が固まっていくのは本当に早いので、〈手順4〉では「ちょっと早いかな」というくらいで引き上げる。すぐにちょうどよくなる。お好みで、黒こしょう、トマトケチャップ、パルミジャーノなどのトッピングしてもおいしい。

ミキサー不要！
簡単ビシソワーズ

裏ワザ！ 生クリームを使わず、
高級ホテルのようなスープ！

上品な味！

材料（2人分）

じゃがいも…1個
牛乳…200mℓ

〈調味料〉
　顆粒コンソメ…小さじ1/2
　塩…小さじ1/4
　バター（またはマーガリン）…2g
　にんにく（チューブ）…3mm
　パセリ（みじん切り）…適量

つくり方

1

裏ワザ！

じゃがいもは皮をむいて洗い、ラップで包んで電子レンジ（600W）で2分30秒加熱する。さらに、上下を返して2分30秒加熱する。

2

温かいうちにすぐにマッシュする。

3

裏ワザ！

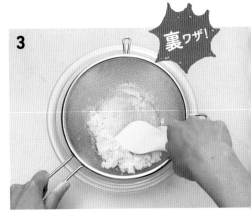

ザルなどで裏ごししてなめらかにする。

4

フライパンにじゃがいも、牛乳、調味料を入れ、中火で2分ほど温めて調味料を溶かし、器に移す。冷めたら冷蔵庫で冷やして完成。仕上げの飾りはパセリがおすすめ。

POINT!　調味料を溶かすときは、沸騰させないように注意。温かいままでもおいしい。

ポリ袋で混ぜるだけ！
おからお好み焼き

裏ワザ！ 手を汚さずつくれる
超お安い「節約レシピ」！

すごいカンタン！

材料（つくりやすい分量）

☆おから…200〜300g

☆片栗粉…大さじ6

☆かつおだし粉…小さじ1

☆刻みねぎ（お好みで）…20〜30g

☆桜えび（お好みで）…10g

☆卵…2個

お好み焼き用ソース…適量

マヨネーズ…適量

つくり方

1 ☆の材料をポリ袋に入れる。

2 ポリ袋の上からよく
こねる。

裏ワザ!

3 よく混ざったらひとかたまりに
して、お好みの分量に分ける。

4 フライパンを温め、**3**を中火で
表面にカリッと焦げ目がつくく
らいに両面を焼き上げる（フッ
素樹脂加工の場合は油は不要）。
器に盛り、お好み焼き用ソース
とマヨネーズをかける。お好み
で青のり、かつお節（いずれも
分量外）を散らす。

POINT! 紅しょうがを入れると、たこ焼きのような感じに。好きな野菜を入れて焼いても美味し
い。

皮で包まない！
肉餅風ビッグ餃子

みんなでワイワイ！

裏ワザ！ フライパンでサクッとできる！
食卓が盛り上がる一品

材料（4人分）

豚薄切り肉（豚こまやシャブシャブ用
　でもOK）…200〜250g
にんにく（すりおろし）…お好みの量
塩、こしょう…各少々
スライスチーズ
　（プロセスチーズがおすすめ）…2枚
大葉…5〜6枚

ミニトマト…5〜6個
青ねぎ（小口切り）…2〜3本
ごま油…適量
水…約35㎖
餃子の皮…約30枚
レモン（くし形切り）…適量

つくり方

1

火にかけていない状態のフライパンにごま油をひき、餃子の皮の半分量を円形に敷き詰める。

2

1に豚肉の半量を縁を1cmほど残して広げてのせ、にんにくをぬり、塩、こしょうを振る。

3

2の上に大葉、一口大にちぎったスライスチーズ、半分に切ったミニトマトをのせる（小さいミニトマトならそのままでOK）。その上に残りの豚肉を広げてのせ、にんにくをぬり、塩、こしょうを振って青ねぎを散らし、1cm残した縁に水をつける。

4

裏ワザ！

3にかぶせるように、残りの餃子の皮を、餃子を作るように縁に水をつけてしっかりとはり付ける。フライパンを中火で熱し、焼き色がついたら返し、両面を焼いて水を入れ、蒸し焼きにする（片面だけ焼いてもOK）。水分がなくなったら、ごま油を周りにかけ、カリカリに焼けたら出来上がり。レモン汁でさっぱりいただく。

POINT!

ポン酢しょうゆ、ラー油、からし醤油などでいただいても美味しい。蒸し焼きにせず、揚げ焼きのようにしてもOK。大葉のほか、にらやキャベツなどの野菜を使っても。切り分けるときは、包丁よりキッチンバサミがおすすめ。

蒸し器を使わない！
転がすだけの
「簡単シュウマイ」

ちゃんとシュウマイ！

裏ワザ！ 皮で包まないから、失敗しない！

材料（つくりやすい分量）

合いびき肉…300g
玉ねぎ…1/2〜1個
しょうが（すりおろし）…適量
シュウマイの皮…1袋（約20枚）

片栗粉…大さじ1
中華スープの素（顆粒）…大さじ1/2
醤油…大さじ1/2
ごま油…お好みの量

つくり方

1

玉ねぎを粗みじんに切る（細かいのが好きならみじん切りでもよい）。

2

シュウマイの皮以外の材料をボウルに入れ、粘り気が出るまでよく混ぜる。

3

裏ワザ！

シュウマイの皮を5mm幅に細く切り、**2**を丸めて皮の上で転がす。皮がくっついたら軽く手で押さえるとよい。

4

フライパンにキャベツや玉ねぎ、もやし、きのこなどお好みの野菜（分量外）の細切りを敷き詰め、**3**をのせる。水1/2カップを入れ、ふたをして弱火で蒸し、肉に火が通ったら出来上がり（水が途中で足りなくなったら足す）。

POINT! 肉を丸めるときは、ピンポン球くらい大きくてもよい。シュウマイの皮がきれいにはり付かなくても、蒸せばほどよい状態になるので、肉が少しくらい見えていても気にしない。

炊飯器ひとつで！
シンガポール・チキンライス

裏ワザ！ 材料を炊飯器に入れて、
炊き上げるだけで絶品の味！

さっぱり
アジアン！

材料（2人分）

鶏肉（ももまたはむね）…大きめ1枚
米…2合
☆しょうが（すりおろし）…親指大分
☆にんにく（すりおろし）…1かけ
☆鶏がらスープの素
　　（顆粒）…小さじ1
☆こしょう…少々
☆ねぎの青い部分…適量

〈たれ〉

ねぎ（みじん切り）…適量
しょうが（みじん切り）…適量
にんにく（すりおろし）…少々
醤油…大さじ1
酢…大さじ1
ナンプラー…小さじ2
オイスターソース…小さじ2
ごま油…小さじ1
砂糖…小さじ1
レモン汁…小さじ1

〈トッピング〉

トマト…1個
パクチー
　（お好みで）
　…適量

つくり方

1 裏ワザ！

米を研いで炊飯器に入れ、浸水させる。硬めに仕上げるため、水は2合の線より気持ち少なめにする。

2

鶏肉の皮目を下にして米の上にのせる。

3 裏ワザ！

☆を入れ、炊飯器のスイッチを入れる。

4

たれの材料を混ぜ合わせてなじませる。炊けたら、器にご飯を盛り付け、鶏肉を食べやすい大きさに切ってのせる。お好みでトマトやパクチーを添え、たれをかけていただく。

イースト不要！
速攻でできる「簡単ナン」

裏ワザ！

こんがり！

フライパンで
あっという間にできる！
材料４つでつくる
「おしゃれごはん」

材料（4枚分）

小麦粉…200g
ヨーグルト（水や牛乳でも可）…140g
塩…2g
オリーブオイル…大さじ1と1/2

つくり方

裏ワザ!

材料を記載順にボウルに入れて、叩いてこねてを繰り返す。
はじめはベタベタするが、だんだんまとまってくる。

なめらかになったら、乾燥しないようにラップをして、15分ほど寝かせる（時間がなければ省略してもOK）。

生地を4等分にする。大きなサイズにするなら2等分でもOK。

3を薄く伸ばし、フライパンを中火にして焼く。こんがり焼き色がついたら、上下を返して焼く。両面にこんがりと焼き色がついたら完成。

POINT! 〈手順3〉で焦げそうなら、薄くオリーブオイルをひいてもOK。生地がベタつきすぎるようなら、少し小麦粉を足してみるとよい。

1時間後も皮がパリッパリ！
コツあり春巻き

クセになる食感！

裏ワザ！ 具材をしっかり冷やし、
皮を二重巻きにする！！

材料（8本分）

春巻きの皮…10枚

〈合わせ調味料〉

　醤油…大さじ1

　酒…大さじ1

　鶏がらスープの素（顆粒）…小さじ1

　オイスターソース…小さじ2

　片栗粉…小さじ1

　にんにく（すりおろし。お好みで）…1かけ

　しょうが（すりおろし。お好みで）…1かけ

　水…大さじ3

豚薄切り肉（細かく切る。ひき肉や
　こま切れ肉もOK）…100g

エノキタケ（石づきを切り落とし、半分に切る）
　…1袋（200g）

にんじん（皮をむき、千切りにする）
　…約3cm

乾燥春雨（長ければ約10cm長さに切る）
　…約25g

ごま油…大さじ1/2

揚げ油…適量

つくり方

1 フライパンにごま油をひき、豚肉を軽く色が変わるまで中火で炒める（約1分）。

2 1に、にんじんとエノキタケを入れ、中火のまま炒める（約2分）。

3

少し火を弱め、合わせ調味料と春雨（水で戻さずにそのまま）を入れる。よく混ぜながら、春雨がしんなりするまで約2分炒める。火を止めて粗熱がとれるまで放置し、容器に取り、冷蔵庫で冷やす（具材をしっかり冷やすことでパリパリの春巻きになる）。

4 春巻きの皮は、8枚はそのまま、残り2枚は、1枚を4等分に切る。

5 切っていない春巻きの皮に、4等分にした春巻きの皮1枚を重ねる。

6 裏ワザ!

皮を重ねた部分に**3**の1/8量を入れる。

7 具を包むように手前の角を折る。

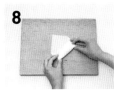

8 両端を折り、クルクルッと巻く。残りも同様に巻き終わったら、フライパンに少なめの油をひき、春巻きの巻き終わり部分を下にして（巻き終わりの皮をくっつけるため）、揚げ焼きにする。両面がこんがりキツネ色になれば、出来上がり（具材はすでに火が通っているので、皮がよい色になればOK）。油をしっかり切る。

POINT! 熱い具材を包むと蒸れてしまい、パリッと仕上がらないので、具材をしっかり冷蔵庫で冷やすのがコツ。そして、具材をのせる箇所だけ皮を二重にすることでパリッパリの焼き上がりになる。

\ 混ぜるだけ！ /
絶品 "裏ワザたれ" ❶

炒め物の味付けにも使える！
自家製焼肉のたれ

材料

醤油…100㎖
砂糖…大さじ4
白いりごま…大さじ1
ごま油…小さじ1/2
豆板醤…小さじ1/2
にんにく（すりおろしチューブでも可）…1かけ
しょうが（すりおろしチューブでも可）…1かけ
こしょう…少々
一味唐辛子…適量

第2章

こうすればいいんだ！

食材保存の裏ワザ

にんじん

材料

にんじん…適量
ラップ…適量
ジッパー付き保存袋…1枚

手順

1 にんじんは葉の付け根を
ギリギリのところで切り、
1本ずつラップで包む。
できるだけ空気を抜いて。

2 ジッパー付き保存袋に入
れて、空気を抜いて閉じ、
冷蔵庫で保存する。

裏ワザ!

空気を抜きながら
ラップ!

CUT!

これで長持ち 人参の保存方法　by タコパスキッチン　レシピID：2365386

オクラ

材料

オクラ…適量
オクラが入るコップ
水…少々

手順

1 コップに5mm深さほど水
を入れ、オクラをヘタが
水に浸かるようにコップ
に入れる。

2 野菜室に入れる。水はと
きどき替える。

コップに逆さまに
入れて野菜室へ!

裏ワザ!

オクラの保存　bymaiken　レシピID：2152218

きゅうり

材料

きゅうり…適量
キッチンペーパー…適量
ラップ…適量

手順

1 きゅうりをキッチンペーパーで包み、両端が出ないようにラップを巻く。

2 ヘタのある方を上にして、冷蔵庫の野菜室に立てて保存する。

キッチンペーパーと
ラップで包む!

くるくる

裏ワザ!

きゅうり 長持ち日持ち☆保存法　by ともりん修業中　レシピID：2058323

レタス

材料

レタス…1個
爪楊枝…3本

手順

1 レタスの芯に爪楊枝を刺し、スプーンの腹や包丁の腹で奥まで押し込む。

2 スーパーの袋などに入れ、冷蔵庫で保存する。

爪楊枝を芯に
グイッと刺す!

裏ワザ!

POINT! 食べる時は、いつものように水やぬるま湯にさらす。少ししんなりしていても、パリッとする。

レタスの保存法　つま楊枝編　by まえっちの食卓　レシピID：427399

キャベツ

材料
キャベツ…1玉
キッチンペーパー (蛍光漂白剤なしのもの) …適量
ポリ袋…適量

手順

1 キャベツは外側の葉を取り除いて、芯の根元を切り、流水できれいに洗う。汚れが取れたら、ザルなどに入れて水分を切る。

2 キッチンペーパーを1枚、芯に当たるくらいの大きさにたたんで水でぬらし、芯の切り口に当てる。

3 乾いたキッチンペーパーでキャベツを包み、ポリ袋などに入れ、空気を抜くように閉じる。

4 キャベツの芯を下にして、冷暗所 (冷蔵庫) で保存する。保存中にペーパーが乾いてきたらぬらし、ときどき新しいものに取りかえる。

裏ワザ！

ぬらした
キッチンペーパー！

いつでもフレッシュ！キャベツの保存　by QPはにー　レシピID：777094

もやし（冷蔵）

材料
もやし…適量
水…適量

手順

1 蓋がきっちり閉まる保存
容器に、もやしを入れて、
水をひたひたに入れる。
毎日水を替えるだけで、
長持ちする。保存容器の
蓋を利用して水切りする
と楽チン。

保存容器で
水に浸す！

裏ワザ！

家計の救世主！もやしさんの保存方法や〜　by 腹ペコ助　レシピID：384008

もやし（冷凍）

材料
もやし…適量
冷凍用保存袋…適量

手順

1 もやしはよく洗い（凍っ
たまま使うため）、水気
をよく切る。

2 1回で使える量に小分け
して、冷凍用保存袋に入
れ、冷凍する。凍ったま
ま、野菜炒めや味噌汁、
炒め物などに使える。

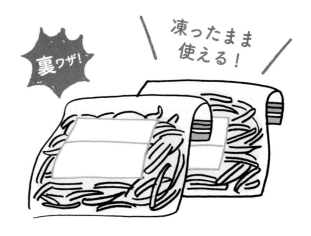

裏ワザ！

凍ったまま
使える！

もやしの保存（冷凍）　by mielle　レシピID：2319177

ブロッコリー

材料

ブロッコリー…適量
湯…適量
塩…適量
冷凍用保存袋…適量

手順

1 ブロッコリーはよく洗い、一口大に切る（茎もOK）。その間に湯を電気ケトル等で沸かしておく。

2 鍋にブロッコリーと、ブロッコリーが隠れるくらいの湯を入れる。火にかけて沸騰したら塩を入れ、ときどき混ぜながら2分ゆでる（硬め）。

3 ザルに上げて、しっかり水気を切る。放置して冷ます。

4 冷凍用保存袋に入れて冷凍庫に入れる（くっつきを防ぐため、空気は抜かないこと）。

ゆでて保存袋に！

裏ワザ！

ブロッコリーの保存方法☆冷凍　by 見習い主婦ゆん　レシピID：3051093

アスパラガス

材料
アスパラガス…2束
冷凍用保存袋…適量

手順

1 アスパラガスはさっと洗って、下の硬い部分を切り落とす。使いやすい長さに切る。

2 耐熱容器に入れて、電子レンジで1分30秒加熱する（調理加熱を想定して、硬めに）。

3 冷凍用保存袋に、重ならないよう並べて入れて冷凍する。袋から空気を抜かず、凍ったら袋を振って、中身をバラつかせる。

レンジで硬めに加熱後、冷凍！

裏ワザ！

保存＊レンジde冷凍アスパラガス　by karin子　レシピID：1625330

ごぼう

材料
ごぼう…適量
保存容器
　…ごぼうができるだけ長いままで入るもの
水…ごぼうがしっかり浸かる量

手順

1 ごぼうは皮をこそげ、保存容器に入る長さに切る。

2 ごぼうをしっかり水に浸けたら完成。1日に1回、水が腐らないよう替える。

水に浸けて保存！

裏ワザ！

ごぼうの長期保存　by ＊実月＊　レシピID：2914324

にんにく

材料
にんにく（無臭でないもの）…適量
保存容器

手順

1 にんにくは1かけずつに
分けて、皮をむく。

2 にんにくの芽に養分がい
かないように、芽を切っ
て、保存容器などに入れ
て冷蔵庫へ入れる。しば
らくすると芽が伸びてく
るので、お好みで抜き取
る。

にんにくの芽を
切る！

裏ワザ！

簡単!! 冷凍しないにんにくの保存方法♪ by まんぼうのネクタイ レシピID：775941

大葉

材料
大葉…適量
ビン…大葉が入る大きさ
水…少し

手順

1 大葉は軸をほんの少し切
り落とす（水の吸い上げ
がよくなる）。

2 ビンに水を7〜8mm深さ
まで入れ、大葉を立てて
入れる（3〜4日に1回、
水を替える）。

軸を少し切って、
ビンに立てて保存！

裏ワザ！

お手軽♪大葉保存法 by おしす レシピID：582091

ミニトマト

材料
ミニトマト…1パック

手順

1 ミニトマトのヘタを取る。

2 買ってきたパックに戻して、そのまま冷蔵庫で保存する（ふたに買った日を書いておくと目安になる）。

ヘタを取る！

裏ワザ！

たったこれだけ♪プチトマトの保存♪　by take♪aki♪　レシピID：4387774

アボカド

材料
アボカド…1/2個
ラップ…適量

手順

1 アボカドは種をつけたまま、ラップをして保存すると茶色くなりにくい。

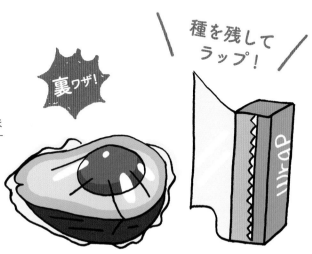

種を残してラップ！

裏ワザ！

★簡単半分アボカド保存方法　by ナピト　レシピID：2933625

バナナ

材料
バナナ…適量
ポリ袋…バナナの本数＋適量

手順

1 バナナを1本ずつポリ袋の奥まで入れ、バナナ側から袋の口に向かってくるくると巻く。

2 バナナやポリ袋の大きさにもにもよるが、5本くらいをまとめてさらにポリ袋に入れ、冷蔵庫の野菜室に入れる。

買ってきてすぐやると、超長持ち！

くるくる…

裏ワザ！

もの凄くもちます♬バナナの冷蔵保存方法！　by keiかな　レシピID：1203617

レモン

材料
レモン…適量
ラップ…適量

手順

1 レモンは洗わず、新鮮な
うちにそのまま1個ずつ
ラップで包む。

2 冷蔵庫の野菜室に入れる。

洗わず、
そのままラップ！

裏ワザ！

まるごとレモンの保存　by olive11　レシピID：1640990

パスタ

材料
パスタ…1袋
輪ゴム…1本

手順

1 パスタの袋の縦の部分を、
まっすぐハサミで切る。

2 袋を折り込んで、輪ゴム
で真ん中を留めて保存す
る（留めにくい場合は上
下2か所を）。

袋を縦に切れば、
取り出しやすい！

裏ワザ！

パスタの保存（袋の切り方）　by ミナいちご　レシピID：1780557

箱買いみかん

材料

みかん…あるだけ
みかんが入っていた段ボール箱…1箱
新聞紙…1枚

手順

1 買ってきたら箱からみかんを全て出し、ヘタを下にして、みかんを入るだけ箱の底に敷き詰める。2〜3段目も同様にする。

2 全て詰めたら最後に新聞紙をのせ、ふたはせず、玄関や廊下等気温の変化が少ない涼しい場所で保存する。

ヘタを下に詰め直す!

裏ワザ!

箱買い♬みかんの保存方法　byあずちもも　レシピID：2418134

第3章

驚き！楽しい！感動！

意外な
組み合わせで
絶品料理

たのしい！

テリテリやわらか！
スペアリブコーラ煮

スペアリブ ✖ コーラ

裏ワザ！ コーラで煮るだけで、
クセになる濃厚な味わい！

材料（3〜4人分）
スペアリブ…500g
塩、粗びき黒こしょう…各適宜
コーラ…400〜500㎖
☆醤油…大さじ3〜4
☆酒…大さじ2
☆みりん…大さじ1

つくり方

肉に塩、粗びき黒こしょうをすり込んで、しばらくおく（暑い時は冷蔵庫で）。

裏ワザ！

鍋に肉を平らに並べて、浸るようにコーラを入れ、中火で煮る。煮立ったらアクを丁寧にすくう。アクが少なめになったら、☆を入れ、落としぶたをして弱火〜中火でコトコト30分以上煮る。いったん肉を取り出し、強火でたれを煮つめる。とろっとしてきたら鍋に肉を戻し、たれを絡める。

POINT!

コーラの種類は何でもOK。鶏手羽でつくっても美味しいし、特に骨付き肉でなくてもブロックであればよい（崩れやすいのを気にしなければ）。濃いめの味になるので、煮つめ方で調節する。

お安い豚こまでつくれる！
絶品パストラミポーク

ポーク ✖ 片栗粉

裏ワザ！

下味に片栗粉を加えて、
しっとり仕上げる！

材料（2〜4人分）
豚こま切れ肉…300g
☆塩…小さじ1/2〜1
☆砂糖…小さじ1
☆にんにく（すりおろし）…小さじ1
☆黒こしょう…少々
☆醤油、酒、片栗粉…各大さじ1
粗びき黒こしょう…適量

つくり方

1

裏ワザ!

ボウルに豚肉と☆を入れて、手でよくもむようにして混ぜる。

2

ラップの上に**1**を、縦25×横15cmくらいに広げる。ラップを使って手前からしっかり巻いていく。

3

巻けたらラップを外して、表面に粗びき黒こしょうをたっぷりまぶしつけ、ラップで三重にくるんで、さらにアルミホイルでくるむ。

4

鍋に湯を沸かして、**3**を入れる。浮かんでこないように落とし蓋、さらに蓋もして、再沸騰したら弱火で20分ゆでる。取り出してそのまま粗熱を取り、保存容器などに入れて（汁がたれてくるため）、冷蔵庫で半日以上寝かせる。

POINT!

下味に片栗粉を加えることで、肉がしっとり仕上がる。ゆでる時に湯が入ってこないように、〈手順3〉では、その都度しっかりくるむ。塩は小さじ1だとかなりしっかり味。量をたくさん食べたい場合は控えめのほうがよい。

豚こまで節約！
簡単やわらか
「一口とんかつ」

裏ワザ！ パン粉つけは
マヨネーズで超簡単！

とんかつ ✕ マヨネーズ

材料（つくりやすい分量）

豚こま切れ肉…約300g
塩、こしょう…各適量

マヨネーズ…大さじ1〜2（お好みで）
パン粉…適量

つくり方

裏ワザ！

肉に塩、こしょうを
ふり、マヨネーズを
まぶす。

1を手で握るかスプーンなどを
使って一口大に成形する。

パン粉を振り、全体にまぶす。

少ない油（分量外）で揚げ焼き
にする（弱火〜中火）。油に入
れてからしばらくは動かさない。

POINT!　使い捨てビニール手袋をはめて成形すれば、手が汚れない。スプーンを使っても手を汚
さずにすむ。

豚こまで節約☆簡単やわらか☆一口とんかつ　by まどりんこ　レシピID：460780　**071**

れんこんシャキシャキ！
鶏ひき肉のつくね

裏ワザ！ みじん切りにしたレンコンが、
絶妙な歯応え！

つくね ✖ レンコン

材料（4人分）

鶏ひき肉…300g
レンコン…200g（小さい1節）
☆醤油、酒、みりん、片栗粉…各大さじ1
☆パン粉…大さじ大盛り3

★醤油、砂糖、酒…各大さじ2
★酢…大さじ1
★豆板醤（お好みで）…小さじ1/2〜
片栗粉…小さじ1

つくり方

裏ワザ!

ボウルにみじん切りしたレンコン、ひき肉を入れ、☆をふり入れる（ダマにならないように全体にふり入れる）。

1をよく練り混ぜる。

2を一口大に成形する。

フライパンでこんがり焼く（油多め、弱火）。★を入れひと煮立ちさせ、水で溶いた片栗粉でとろみをつける（焦げやすいので一度火を止めて★を入れる）。

POINT!

レンコンは水（または酢水）に浸す必要なし（皮付きでもOK）。鶏ひき肉の代わりに豚ひき肉を使ってもOK。

中はもっちり、外はパリッ！
餃子の皮でラザニアもどき

餃子の皮 ✕ ミートソース

裏ワザ！

餃子の皮に
ミートソースを
はさんで、焼くだけ！

材料（3人分）

餃子の皮…30枚
ミートソース缶詰…1缶
合いびき肉…100g
にんにく（みじん切り）…小さじ1

カッテージチーズ…大さじ3
パルメザンチーズ…大さじ1
ピザ用チーズ…適量
ドライバジル、オレガノ…各適量

つくり方

1 フライパンでにんにくを炒め、
ひき肉を入れる。

2 色が変わったらミートソースを
加えて煮詰め、粗熱を取る。

3 餃子の皮に**2**のソースをのせ、10枚重ねる。皮の端までのせず、中心にのせて、軽く押さえるようにする。途中の層でカッテージチーズ、パルメザンチーズも挟む。

裏ワザ!

4 上にこしょう適量（分量外）、ハーブを振り、ピザ用チーズをのせる。190℃のオーブンで15〜20分焼く。最後は少し温度を上げる（焼く前に電子レンジで1〜1分30秒加熱すると時短になる）。

POINT! ミートソースは、缶のままだと水分が多いので、煮つめた方が使いやすい。肉の代わりにきのこを炒めてソースに加えてもおいしい。〈手順4〉でオーブントースターを使う場合は、アルミホイルを上にかけて焼く。

フライパンでつくる！
餅ピザ

裏ワザ！ 餅とチーズの
相性がバツグン！

餅 ✕ ピザ

材料（つくりやすい分量）

餅…5個	☆パプリカ（黄）…1/2個
アボカド…1/2個	☆むきえび…8尾
ガーリックパウダー…適量	塩、こしょう…各適量
☆ハム…2枚	ピザ用チーズ…適量
☆ベーコン…2枚	お好みのハーブ（チャイブ、パセリなど）…適宜
☆トマト…1個	

つくり方

1

餅をそれぞれ半分に切る。

2

裏ワザ!

フライパン（写真は26cmを使用）に薄く油（分量外）をひき、餅を入れて中火で焼く。焦がさないように何度もひっくり返し、フライ返しで強めに押し付けながら丸く焼く。

3

アボカドをペースト状にして餅に塗り広げ、ガーリックパウダーをかける。

4

☆の具材を**3**の上にのせる（えび以外は適当な大きさに切る）。塩、こしょう、ピザ用チーズ、ハーブの順に振り、ふたをして7〜8分焼いたら完成。

POINT!

具に火が通れば出来上がりなので、早くつくりたい場合は具を軽く炒めておくとよい。

編集部より

〈手順2〜3〉で餅を焼くときに、ふたをすると熱が早く回って成形しやすくなる。

隠し味で超クリーミー！
たらこパスタ

裏ワザ！

「火」の使い方にワザがある！
隠し味のマヨネーズと砂糖で
コクが出る！

パスタ ✗ マヨネーズ

材料（3人分）

パスタ…300g	☆砂糖…小さじ1/2
☆たらこ…100g	バター（またはマーガリン）
☆牛乳…120㎖	…30g（お好みで適宜）
☆醤油…大さじ1	★刻み海苔…適宜
☆マヨネーズ…小さじ1	★大葉や細ねぎ…適宜

つくり方

裏ワザ!

塩（分量外）を入れたたっぷりの湯で、パスタを時間通りゆでる。その間にソースを用意する。たらこは皮からそぎ出し、残りの☆とともにボウルで混ぜ合わせる（醤油は塩気をみながら調整）。

フライパンにバターを入れ、ゆで上がったパスタを入れる。パスタの熱で、バターをまんべんなく絡ませる（火にかけない）。

パスタ1本1本にバターが絡んだら、中火にかけ、混ぜながら約30秒炒める。表面から汁気が飛んだら、火を止めて1のたらこソースを入れる。

裏ワザ!

全体を混ぜたら中火にかける。絶えず混ぜながら（30秒〜1分弱程度）もったりしてきたら完成。お好みで★をトッピングしていただく。

POINT! 加熱しない「混ぜるだけ系」は汁っぽくなるし、「炒め系」はパサパサになるので、ソースを入れたら「軽く加熱」が重要！

マヨネーズで簡単！
サクサクてんぷら衣

天ぷら ✕ マヨネーズ

裏ワザ！

冷たい氷水と
マヨネーズが決め手！

材料（つくりやすい分量）
薄力粉…1カップ
マヨネーズ…大さじ2
氷…2個
水…120mℓ

つくり方

1

裏ワザ！

ボウルに薄力粉、マヨネーズを入れる。

2

裏ワザ！

1に氷と水を入れる。

3

2をざっくり混ぜる。

4

さつまいもやかぼちゃなど好みの食材につけて揚げる。油は、温度が低いとどんな衣でもベチャッとしてしまうので170〜180℃（衣を1滴たらしたら、1〜2秒で浮いてくる程度が目安）で揚げる。

POINT! 衣が絡みにくい食材、衣がはがれやすい食材には、あらかじめ薄力粉を薄くまぶしておく。

薄力粉でできる！
ホクホクたこ焼き

裏ワザ！ たこ焼きの粉はなくても
美味しくできる！

たこ焼き ✕ 薄力粉

材料（つくりやすい分量）

薄力粉…200g※
水…600〜700㎖
和風だしの素（顆粒）…大さじ1
みりん…大さじ1
醤油…大さじ1
卵…1個

※もっちりと仕上げたい場合は
　薄力粉（190〜195g）＋片栗粉（5〜10g）

つくり方

裏ワザ!

大きめのボウルに全ての材料を入れてよく混ぜ合わせる。

たこ焼き器に**1**を注ぐ。タコ、刻みねぎなどお好みの具材（分量外）を加える。

たこ焼きを焼く。

裏ワザ!

途中でごま油やサラダ油（分量外）を回しかけて焼くと外側がカリッと仕上がる。

POINT! 片栗粉は入れすぎると団子みたいにモッチモチになってしまうので注意。

我が家の♪小麦粉でたこ焼き（♡´˘`♡）　by くるひなmama＊　レシピID：2035572　**083**

「これ」を加えるだけ！
料亭級のだし巻き卵

だし巻き卵 ✕ 焼き麩

裏ワザ！ ふわっふわなのに
噛んだ瞬間だしがじゅわ〜！

材料（6切れ分）

焼き麩（白玉麩や車麩など）…5g
だし汁…大さじ3

〈卵液〉
卵…3個
だし汁…大さじ3
砂糖…小さじ1
塩…ひとつまみ
みりん…小さじ1

つくり方

裏ワザ!

焼き麩はすりおろし、だし汁につけてふやかしておく。

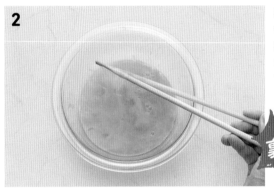

卵を割りほぐし、**白身を切るようにして混ぜ、**残りの卵液の材料と混ぜ合わせる。**1**を加えて混ぜ合わせる

裏ワザ!

フライパンに油適量（分量外）をひき、火にかける。パチパチッと音がするくらいになったら**2**を適量流し入れる（火加減は弱火〜中火）。油引きがない場合は、キッチンペーパーを小さく切って油を含ませて油をひくとよい。とてもやわらかい生地なので丁寧に。

くるくる巻いて端に寄せ、また油をひいて卵液を流し入れ、くるくる巻く。これを卵液がなくなるまで繰り返す。焼き上がったら、巻きすで巻いて、形を整えながら冷まし、冷めたら6等分に切る。

POINT!

〈手順4〉で終えてもおいしいが、だし汁½カップに卵焼きをつけ1時間ほどおき、途中で返して全体をだしにつけると、だしが滴る料亭風のだし巻き卵になる。

家にある材料でできる！
かんたん担々麺

中華麺 ✕ ごまドレッシング

裏ワザ！

ごまドレッシングが
絶妙な隠し味に！

材料（小ぶりの丼2杯分）

中華麺…2玉
ごま油…小さじ1
豚ひき肉…約50g
しょうが（みじん切り）…1かけ
水…600㎖
☆ごまドレッシング…大さじ3
☆塩…小さじ1
☆醤油…大さじ1
☆中華スープの素
　　（顆粒、または鶏がらスープの素）…小さじ1
ラー油…適宜

〈トッピング〉
ほうれん草（茹でる）…適宜
ねぎ（小口切り）…適宜

つくり方

1 フライパンにごま油を熱し、しょうがとひき肉を炒める。

2 水と☆を入れ、沸騰させる。

裏ワザ！

3 鍋に湯を沸かして、麺を好みの硬さにゆで、湯切りして丼に盛り付ける。

4 2のスープを3に注ぐ。お好みでトッピングをし、ラー油をたらす。

感動の裏ワザ！
パスタが
激うま中華麺に変身

パスタ ✕ 重曹

裏ワザ！

食べてびっくり！
驚きの「新食感」に感動！

材料（1人分）

パスタ…100g
水…1ℓ
塩…大さじ1
重曹…大さじ1

つくり方

裏ワザ!

湯を沸かして塩と重曹を入れる（重曹を入れた時、少し泡が立つが驚かないで）。

パスタを入れる。

ゆで時間は「表示時間＋2分」が目安。

写真くらいにやわらかくなったら湯を切って、料理に使う。

POINT!　ぬめりが気になる場合や、冷やし中華にする場合は、流水でぬめりを取り冷やす。

野菜ジュースで
炊き込みチキンライス

裏ワザ！ パラパラ＆濃厚な味に
炊き上がる！

ライス ✕ 野菜ジュース

材料（3〜4人分）

米…2合
水…100mℓ
☆サラダ油…少々
☆バター…小さじ1弱
玉ねぎ（みじん切り）…小1/2個
ウインナー（小口切り）…3〜4本
冷凍ミックスベジタブル…約100g

マッシュルーム（薄切り）…約50g
★ガーリックパウダー…少々
★塩、こしょう…各少々
野菜ジュース（トマト入り）…300mℓ
○トマトケチャップ…大さじ1
○顆粒コンソメ…小さじ2
○塩…小さじ1/4強
○白こしょう…少々

つくり方

1 炊飯釜に研いだ米を入れ、先に水だけ入れて浸水させる。その間に熱したフライパンに☆を入れてなじませ、玉ねぎ、ウインナー、解凍したミックスベジタブル、マッシュルームの順に炒める。★を振り、軽く下味をつける。

裏ワザ!

2 炊飯器に野菜ジュースを注ぐ。

3 2に○を入れて混ぜる。

4 3に炒めた具材を入れて平らにならし、普通に炊く。炊き上がって蒸らしが終わったら、底からかき混ぜる。

ホットケーキミックスでできる！
余ったカレーで
簡単カレーパン

裏ワザ！ お碗の上で成形すると
きれいにできる！

カレー ✖ ホットケーキミックス

材料（4人分）

カレーの残り（レトルトでも可）…適量　　パン粉…適量
ホットケーキミックス…200g　　卵…1個
水…70mℓ　　油…適量

つくり方

1 ホットケーキミックスに水を加え、生地がまとまるまでコネる。

2 1を4等分にする。分けた生地をめん棒で伸ばす（生地は少し薄めがベスト）。

裏ワザ！

3 伸ばした生地をお碗の上にのせ、くぼみにカレーを入れる。生地の端と端をこねながらつなげる。

4 3を溶き卵にサッとくぐらせて、パン粉をまぶす。揚げ油の量は通常の揚げ物の時と同じ。弱火でキツネ色になるまで揚げたら完成。

余ったカレーがおしゃれに変身！
絶品スフレドリア

カレー ✕ 生クリーム

裏ワザ！

ふわっふわの食感で
カレーを楽しむ！

材料（2人分）
ご飯…茶碗2杯分
カレーの残り…適量
卵…2個
生クリーム…大さじ1
塩、こしょう…各少々
バター…適量

つくり方

1

裏ワザ！

カレーを電子レンジで温めて、ご飯と混ぜる。

2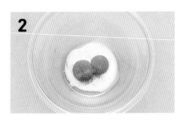

卵は黄身と白身に分け、黄身の方に生クリームと塩、こしょうを加え、よく混ぜる。

3

白身は泡立て器で、角が立つまで泡立てる。**2**に泡立てた白身の1/3量を加えてよく混ぜ合わせ、残りの白身は泡をつぶさないように混ぜる。

4

裏ワザ！

ココット皿にバターを塗って、カレーご飯を2/3くらいの高さまで入れる。その上に**3**をこんもりのせてオーブンで焼き色がつくまで焼く（190℃で約6分）。

 POINT! 焼き過ぎるとスフレが硬くなってしまうので、オーブンを覗いてみて膨らんで焼き色がついたらOK。しぼむ前にすぐ食べる。

余った肉じゃがをリメイク！
すくって食べる
スコップコロッケ

裏ワザ！　肉じゃがをつぶして、コロッケのタネに！

肉じゃが ✕ コロッケ

材料（つくりやすい分量）

肉じゃがの残り…あるだけ

とろけるチーズ…適量

☆カレー粉…煮汁を切った肉じゃが100gにつき小さじ1/2

☆こしょう（辛さ調整用、なしでもOK）…適量

パン粉…適量

オリーブオイル…適量

つくり方

1 ザルにキッチンペーパーを敷いて肉じゃがを入れ、しばらく放置して余分な煮汁を切る。

2 その間に、フライパンにパン粉を入れて火にかけ、振って上下を返しながら、キツネ色になるまで乾煎りする（サクッとさせる＆キレイな色に仕上げるため）。

3

裏ワザ！

肉じゃがを適度につぶし、☆を加えて混ぜ合わせる。ラップをして電子レンジで加熱する。

4

裏ワザ！

グラタン皿に移してチーズを散らし、パン粉を振ってオリーブオイルを回しかける。オーブントースターやオーブンで焼き、軽く焦げ目を付けたら出来上がり（1人分でオーブントースターなら5分が目安）。

POINT! グラタン皿で直接つぶして混ぜれば、洗い物削減になる。ヘルシーにしたい場合は、仕上げのオリーブオイルなしでもOK。

肉じゃがリメイク☆スコップコロッケ！　by ち〜sun　レシピID：3433956

余った餃子の具でつくる！
つくね風ミニバーグ

裏ワザ！ 片栗粉と小麦粉を
混ぜるのがミソ！

餃子の具 × ハンバーグ

材料（つくりやすい量）
餃子の具の残り…約10個分
小麦粉、片栗粉…各大さじ1

つくり方

1 餃子の具を丸める。

裏ワザ!

2 片栗粉と小麦粉を合わせて、**1**にまぶす。

3 フライパンを熱してサラダ油大さじ1（分量外）を入れ、**2**を並べ入れて、両面に焼き色をつける。

4 水1/3カップを入れて、ふたをして5分蒸し焼きにする。水がなくなり、ミニバーグに弾力が出れば出来上がり。ポン酢しょうゆ（分量外）を添える。

裏ワザ!

POINT! 蒸し焼き時間は量によっても違うので、ミニバーグの弾力感で見極める。

残ったそうめんでつくる！
サクッもっちりチヂミ

裏ワザ！ そうめんがチヂミの
生地になる！

そうめん × チヂミ

材料（2人分）

ゆでたそうめん…100g
卵（Lサイズ）…1個
片栗粉…大さじ1
粉末だし…小さじ1

塩…小さじ1/2
ごま油…大さじ1
そうめんで残った薬味など…適量

つくり方

裏ワザ!

1

そうめんを細かく切り、片栗粉を加えてよく混ぜる。

2

卵を溶き、粉末だし、塩、薬味を加えてよく混ぜ、**1**を加えてさらに混ぜる。

3

大きめのフライパンにごま油をひき、**2**を流し入れる。

4

フライ返し等で上から押さえ付けながら両面をこんがり焼いたら完成。塩で食べても、ポン酢醤油やだし醤油で食べてもおいしい。

POINT!

大きめのフライパンに多めのごま油で、薄めに焼くのがポイント。にらや桜えびを加えると、いっそう韓国チヂミのようになる。

食べてびっくり！
肉汁ジュッワ〜焼き餃子

餃子 ✕ 油揚げ

裏ワザ！ 5mm角の油揚げが
肉汁を閉じ込める！

材料（大きめ20個分）

☆豚ひき肉…200g
☆豚バラ薄切り肉（ざっくり切る）…100g
☆油揚げ…1枚
☆ねぎ（白い部分をみじん切り）…1/2本
☆塩…小さじ1/2
☆こしょう…少々
☆オイスターソース…大さじ1
☆醤油、ごま油…各小さじ1

にら（1cm幅に切る）…1/2束
しょうが（チューブ）…4cm
餃子の皮（厚めの大判）…20枚
水…30㎖
サラダ油…大さじ2
ごま油…大さじ1
熱湯…適量

つくり方

1

裏ワザ！

油揚げを5mm角に切る。肉汁（水分＋脂）を吸って餡に閉じ込めてくれる。

2

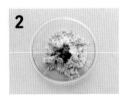

☆をボウルに入れる。

3

2を力いっぱいこねる。

4

裏ワザ！

5回くらいに分けて水を少しずつ加え、その都度こねる。「大丈夫!?」というくらいやわらかくなるまでこねる。

5

にら、しょうがを最後に入れ、サクッとこねたら、餡の出来上がり。

6

餃子の皮で包む。空気が入らないように餡を平た伸ばすのがコツ（バターナイフがやりやすい）。

7

裏ワザ！

フライパンにサラダ油をひいて、中火で少し温める。油がサラッとしたら餃子を並べる（最初の餃子で油をなじませる）。冷たい水だと温度が下がるので極力熱湯を、鍋底から7～8mm深さまで注ぐ。すぐにふたをして、中火～強火で焼く。ふたを取ったら餃子の上からごま油をかけて、強火で焼き色をつける。

POINT!

豚バラ肉は、脂身が多めのものがおすすめ（カナダ、アメリカ、フランスなどの海外産）。餃子の皮は厚手のものを使う。薄い皮だと肉汁でべちゃべちゃになってしまう。

\ 混ぜるだけ！ /
絶品"裏ワザたれ" ❷

即席プロ味！
お好み焼き・
たこ焼きのソース

材料（1回分）

中濃ソース…60㎖
めんつゆ…200㎖

〈入れるとなお良い〉
トマトケチャップ…小さじ1
砂糖（またはハチミツ）…小さじ1

第 **4** 章

すごい！かんたん！便利！

料理
の
小ワザ・裏ワザ

指を切らない！
じゃがいものスライス法

材料

じゃがいも…1袋 (12個)
スライサー
フォーク

手順

1 洗って皮をむいたじゃがいもの上部に、刺せるギリギリの部分にスライサーと平行になるようにフォークを刺す。

2 フォークでじゃがいもを動かしてスライサーでスライスする。フォークの向きを動かしてギリギリの部分までスライスする。

3 小さくなりスライス出来なかった分は包丁で切る。

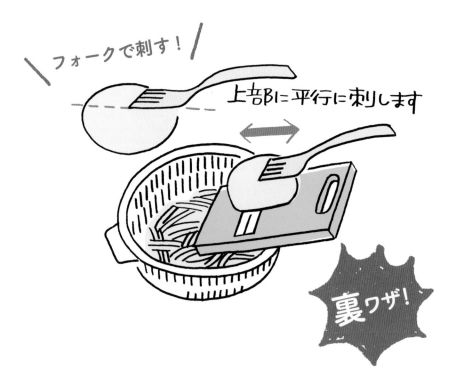

フォークで刺す！

上部に平行に刺します

裏ワザ！

大量じゃがいもの簡単安心スライス方法♪　by まこりんとペン子　レシピID：2695362

超速！
長ねぎのみじん切り

裏ワザ！

切り込み入れて
ザックザク！

材料
ねぎ…適量
包丁

手順

1 ねぎを斜めに半分くらいの深さまで切り込みを入れる（切り離さないように）。

2 上下を返して、同じく切り込みを入れる。

3 軽くつぶして、小口切りにする。

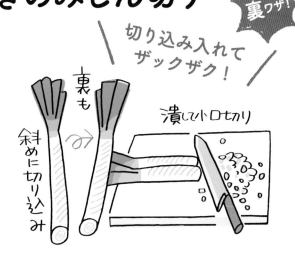

料理男子必見だよ！長ねぎのみじん切り②　by しるびー１９７８　レシピID：1816507

食べやすい
「さんま塩焼き」の切り方

材料
さんま…適量
美味しい塩…適量
包丁

裏ワザ！

「横＋斜め」に
切る！

手順

1 さんまの横筋模様に沿ってまっすぐ切り込みを入れ（骨に当たるくらい深く）、斜めに3〜4本くらい切り込みを入れて、塩を振る（両面）。

2 尾びれに塩をすりこむ（焦げ防止）。魚焼きグリルなどで焼く。

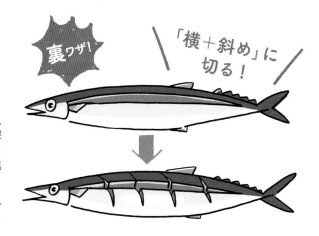

食べ易い「さんま塩焼き」の切り方　by putimiko　レシピID：1942964

太巻きをスパッと切る

材料
包丁
クッキングペーパー…1枚
太巻き、細巻き、おにぎらずなど…適量

手順

1 包丁にクッキングペーパーをかぶせるように巻く。

2 水でぬらして密着させ、刃先の部分が出るように余分な部分をハサミで切り取る。

3 包丁を2〜3回振って余分な水分を除き、そのまま太巻きなどを切る。

包丁にぬれた
クッキングペーパー！

裏ワザ！

太巻きがストレス少なく切れる技??　by chikappe　レシピID：2104918

10秒で玉ねぎの皮むき

材料
玉ねぎ…1個
包丁

手順

1 玉ねぎは皮がついたまま半分に切る。
2つに割れた玉ねぎの芽と根の部分
を計4か所切る。

2 皮の茶色い部分と白い部分の境界線
に包丁の刃を浅く入れ、茶色い皮を
一気にはがす。

3 水で軽く洗い流す。

包丁でガバッとむく！

CUT

つるり

裏ワザ！

簡単☆時短10秒で♬玉ねぎの皮むき完了　by ChunChun☆彡　レシピID：3416788

バラけない！
玉ねぎの切り方

材料
玉ねぎ…食べるだけ
爪楊枝…大きいものなら1/2個につき約7本

手順

1 玉ねぎの皮をむいて半分に切る。ヘ
タも取る。

2 ヘタ部分を横にしてまな板の上に置
き、真ん中に爪楊枝を1本刺し込む。
下につくくらいしっかり刺した方が
よい。

3 刺した爪楊枝の横に7mm〜1cm程度
間隔をあけて、爪楊枝を刺していく。

4 爪楊枝と爪楊枝の間を包丁で切る。

焼肉、BBQで
活躍！

裏ワザ！

バラけない玉ねぎの切り方✽焼肉、BBQに　by t_sat0mi　レシピID：593664

包丁いらず！
大根の皮むき

材料
大根（常温）…適量
爪楊枝（または竹串）…1本

手順

1 大根の先端と葉の部分を切り落とす。

2 切り口を見ると、皮と身の境界線があるのがわかるので、皮の外側からこの境界線をめがけて、爪楊枝をブスッとさしこむ。

3 爪楊枝を刺したまま下に引っ張り、1本の線を引く（線は曲がっても大丈夫）。

4 線の端から爪を使って、少しずつめくると、皮が身からはがれる。

5 皮と身の間に指を入れ、爪を隙間に押し込むような感じで、少しずつむいていく（ヒゲが生えている部分はむきにくい）。

\ 爪楊枝が大活躍！ /

裏ワザ！

衝撃の裏技☆包丁いらず！大根の皮むき　by たけじょう　レシピID：826389

1枚からOK!
キャベツの千切り

材料
キャベツ…1枚
包丁

手順

1 キャベツはよく洗い、葉と軸に分ける。

2 芯がついていた下側を巻き始めにし、くるくると巻いていく。

3 キャベツをつかむように猫の手にして、千切りにしていく。

4 安定が悪い切り口の方から切っていくと、残り少なくなるにつれて安定がよく、最後まで飛び散らずきれいに切れる。

くるくる巻く！

くるくる

裏ワザ！

1枚からOK☆千切りキャベツの切り方　by ひろママ＊　レシピID：3249379

熱々「じゃがいもの皮」を
スルッとむく方法

材料
じゃがいも…1個
包丁
ラップ…適量

手順

1 洗ったじゃがいもの真ん中に包丁を当て、ぐるっと浅く切り目を入れる。切れ目はつながらなくてもOK。

2 ラップをして電子レンジで2〜3分加熱する。

3 水の入ったボウルに入れ、皮がちょっとふやけたら、切れ目からスルッとむける。

ふかす前に「切り目」！

裏ワザ！

ふかしたじゃがいもの皮を簡単にむく裏技　by とむまろ　レシピID：722313

つるっと里芋の皮むき

材料
里芋…使う分量
水…適量

手順

1 土付きの里芋をざっと洗い、皮つきのまま水から15分くらいゆでるか、沸騰してから10分くらいゆでる（大きさと種類による）。

2 水で冷やす。皮の上から指で押さえると、つるんと皮がむける。

皮つきのまま
ゆでて水で冷やす！

裏ワザ！

裏技:つるっと皮むき、かゆくない・・里芋　by ちゃまchama　レシピID：438924

スポッと抜ける！
にんにくの皮むき

材料
にんにく…2個

手順

1 にんにくの下の部分を切り落とす。

2 耐熱皿にのせて、電子レンジ(550W)で1分加熱する。

3 上の部分を持ってちょっと押し出すと、スポッと身が抜け落ちる。

※加熱不足だとスポッと抜けないので様子を見ながら加熱時間を調整する。

レンジで1分！

CUT　ぎゅ

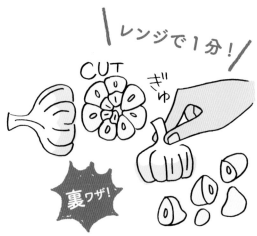

裏ワザ！

にんにくの皮むき♬レンジで簡単♡裏技　by kyonmi　レシピID：1849658

urawaza 070

冷めてもめっちゃ美味しい！
ご飯の炊き方

材料
白米…2合
水…1.5合分
酒…0.5合分

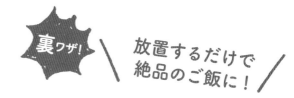

裏ワザ！ 放置するだけで絶品のご飯に！

手順

1 研いだ米、水、酒を炊飯釜に入れ、1〜2時間吸水させたら、スイッチを入れる。

2 炊き上がったら、さっくりと混ぜて蒸らす。ほんのり酒のいい香りがするが、アルコール分は飛んでいる。

3 残ったご飯は、熱々のうちに茶碗1杯分ずつ小分けしてラップで包む。冷めたら冷凍庫に入れる。

めっさ美味しい白〜いご飯 冷めても　byひとみ　レシピID：1688723

---

urawaza 071

放置するだけ！
簡単「温泉卵」

材料
卵…1〜4個

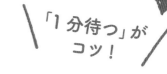

裏ワザ！ 「1分待つ」がコツ！

手順

1 たっぷりの湯を、ボコボコするまで沸騰させる（卵1〜2個なら小鍋、3〜4個なら大鍋）。

2 火からおろし、1分待ってから冷たい卵を入れる。蓋はせずに12分おく（Lサイズや冬期は1〜2分長めに）。卵同士を離して入れ、かき混ぜないこと。

3 卵を器に取り、冷水で冷やす。殻は冷たくても中は温かい＝ゆるいので注意。しっかり中まで5〜10分冷やして出来上がり。

4 そっと器に卵をつけるように割ると、コロンと出てくる。高い位置から割ると白身が黄身からはがれるので注意。

簡単♪すぐできる温泉卵＋放置　byLazyHata　レシピID：1885976

ガス代節約！
ゆでたまごの作り方

材料
卵…お好みの量
水…適量

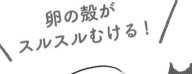
卵の殻が
スルスルむける！

手順

1 鍋（フライパンでもOK）に深さ1cmくらいの水と卵を入れ、蓋をして火にかける。フライパンをゆすると、黄身が片寄らず真ん中にくる。

2 沸騰したら中火で5分加熱し、火を止めて3分放置する。

3 冷水につけなくてもきれいに殻がむける。

裏ワザ！

ガス代節約！　ゆでたまごの作り方　by ルイくん　レシピID：439704

1つだけ味付け卵を
作る方法

材料
卵…1個
めんつゆ（3倍濃縮）…大さじ1

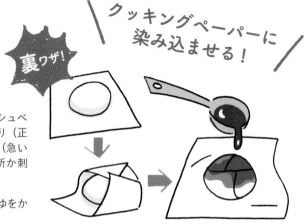
裏ワザ！
クッキングペーパーに
染み込ませる！

手順

1 クッキングペーパー（ティッシュペーパーでもOK）を4等分に切り（正方形になる）、ゆで卵を包む（急いでいるときは爪楊枝で何か所か刺す）。

2 ラップを敷き、上からめんつゆをかけて包み、半日以上おく。

裏技！1つだけ味付け卵を作りたい時〜　by moj　レシピID：890652

urawaza 074 プリプリの むきえびにする下処理

材料
むきえび…適量
塩…小さじ 2
片栗粉…大さじ 1

裏ワザ! 「これ」を加えて もみもみ!

手順

1 えびの背ワタは先に取り除く。塩を振り、もみ込み5分ほどおく。

2 片栗粉を加えて、もみ混ぜる。

3 水でよく洗い流し、ペーパータオルで水分をしっかりと拭き取る。

簡単！むき海老 下処理！プリプリ♪　by ヒラヤマァー　レシピID：4573085

urawaza 075 ブリの臭みを消す下処理

材料
ブリ切り身…3 切れ
塩…少々
酒…大さじ 2

裏ワザ! 塩と酒をふって 20分放置するだけ!

手順

1 ブリの両面まんべんなく塩をふる。酒もふりかけ、冷蔵庫で20分おく。

2 20分たったら取り出し、水道水で優しく洗い、キッチンペーパーでしっかりと水気を拭き取る。

3 お好みの料理に使う。ブリ大根などをつくる場合、さらに熱湯にサッとくぐらせるとふんわり＆プリプリに。

ブリの臭み消し（下処理）　by シュエ　レシピID：2875652

ペットボトルで
手作りバター

材料

動物性生クリーム…200㎖
塩…2g
空のペットボトル…500㎖のもの

手順

1 ペットボトルに生クリームと塩を入れて振る。

2 最初はドロドロとしているが、適当に振っていると急に固まり出す。

3 固まったものを2〜3分がんばって振り続け、分離した水分を切れば出来あがり。

材料を入れて振るだけ！

裏ワザ！

ペットボトルでバター作り　byあやのんのママ　レシピID：2894101

urawaza 077 貝割れ大根の「種ガラ」の取り方

材料
貝割れ大根…1パック

手順

1 貝割れ大根のパックを開け、水道水を流し込む（水に勢いがないと難しい）。

2 その間、パックをつかんでワシャワシャ数回揺すって、ガラが浮きやすいようにする。

3 根元にガラが残ることもあるが、最後に根元部分をキッチンバサミで切り落とせばOK。

水道水でワシャワシャ！　裏ワザ！

カイワレ大根の種ガラの取り方　byトクライ　レシピID：1401799

urawaza 078 オクラの〝手抜き〟下処理

裏ワザ！　ネットから出さなくてOK！

材料
オクラ…1袋
塩…適量

手順

1 ネットの上から塩をふり、ネットを両手のひらで挟んでゴロゴロ転がす。ネット内でオクラが回転するように、強めにこする。

オクラの手抜き下処理　byととろ&めい　レシピID：2740997

urawaza 079

きゅうりのえぐみを取り除く

材料

きゅうり…お好みの量
塩…適量

手順

1 きゅうりに多めの塩をまぶして板ずりする。塩を流水で洗い流す（きゅうりの色が鮮やかになる）。

2 きゅうりの両端を1〜1.5cm位のところで切る。

3 切り落としたきゅうりで断面を5秒ほどこする。白っぽいものが出てきたら洗って、いつも通りの調理を。

カットしてこする！

裏ワザ！

裏技?きゅうりのえぐみを取り除く方法　by 美貴姉　レシピID：3981613

urawaza 080

30秒でにんじんの臭みを消す

材料

にんじん…約50g（1/3本）
☆水…200ml
☆穀物酢（またはりんご酢）
　… 小さじ 1/2 〜 2/3

手順

1 ☆を耐熱容器に入れて、千切りまたは1〜4mm厚さに切ったにんじんを入れる。

2 ラップなしで電子レンジ（500W）で30秒加熱する。にんじんの臭みが消える。

子どもも食べられる！

チン

裏ワザ！

裏技★ニンジン★の臭みが消える！？　by 美貴姉　レシピID：3670082

第 5 章

思わずつくってみたくなる！

デザート
の
裏ワザ

どれ作ろう！

たった10分でできる!
カンタン本格ティラミス

裏ワザ! インスタントコーヒーでつくる
絶品スイーツ!

ふ・わっふわ!

材料（ホール1台分）

市販のスポンジケーキ…1台
インスタントコーヒー…大さじ4
水…200g
植物性生クリーム…200㎖

グラニュー糖…大さじ3
マスカルポーネ…1箱（100g）
純ココア…適宜

つくり方

1

水を電子レンジで加熱して温め、インスタントコーヒーを入れて混ぜ溶かす。

裏ワザ！

2

大皿にスポンジケーキを並べて、**1**を回しかけ、浸す。生クリームにグラニュー糖を入れ、ハンドミキサーで泡立てる。とろとろになったら、マスカルポーネを入れて、さらに混ぜてクリームをつくる。

3

スポンジケーキが入っていた容器を使用して、つくったクリームを敷く。その上にコーヒー液を浸したスポンジケーキを重ねる。繰り返して層にする。

4

最後にクリームをのせる。純ココアを茶こしに入れて振りかけて完成。器に取り分けていただく。

POINT!　冷蔵庫で一晩寝かせたほうが落ち着くが、すぐ食べても美味しい。

材料たった2つ！
超濃厚お豆腐チョコムース

裏ワザ！ 豆腐をレンチン30秒、
よ〜くよ〜く混ぜるだけ！

なめらか
ムース！

材料（小カップ2個分）
絹ごし豆腐…120g
板チョコレート…80g

つくり方

1

チョコレートは耐熱ボウルに入れ、湯煎で溶かす。

裏ワザ！

2

別の耐熱ボウルに豆腐を入れ、なめらかになるまでよく混ぜる。ラップなしで電子レンジで30秒加熱してさらによく混ぜる。

3

1も投入して混ぜる。

裏ワザ！

4

カップに入れて、冷蔵庫でよく冷やし固めれば完成。お好みで純ココア（分量外）を振る。

POINT！ チョコを入れる前に豆腐を濾せば、さらになめらかになり、美味しさが倍増する。

市販のプリンで超簡単！
ふっくらカスタードケーキ

ふっくら！

裏ワザ！ ホットケーキミックスと
プリンで絶品の味！

材料（16cmパウンド型2台分）

マーガリン…80g　　ホットケーキミックス… 200g
砂糖…80g　　　　　卵…2個
プリン… 1個（約70g）

つくり方

1

オーブンを180℃に予熱する。型にクッキングシートを敷くか、油（分量外）を塗って粉（分量外）を振る。

2

ボウルにマーガリンと砂糖を入れて混ぜる。

3 裏ワザ！

2にプリンとホットケーキミックスと卵を入れて混ぜる。

4

生地を型に流し込み、オーブンで30～40分焼いたら出来上がり。

POINT!　ちょっと甘めの味付けなので、お好みで砂糖はやや少なくしてもOK。

まるごとにんじん！
簡単パウンドケー...

しっとり！

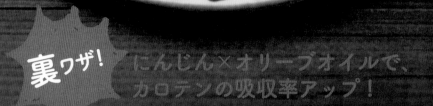

裏ワザ！ にんじん×オリーブオイルで、
カロテンの吸収率アップ！

材料（18×8cmのパウンド型1台分）

にんじん（約100g）… 小1本 　　オリーブオイル（または菜種油）… 30g
卵… 2個 　　　　　　　　　　　　ホットケーキミックス… 100g
砂糖… 30〜40g

つくり方

1 裏ワザ！

にんじんはよく洗い、皮ごとすりおろしておく。オーブンは180℃に予熱する。

2 裏ワザ！

ボウルに卵、砂糖を入れてよく混ぜ、オリーブオイル、**1**のにんじんを入れてさらに混ぜる。

3

2にホットケーキミックスを入れてよく混ぜる。

4

型に**3**を流し入れ180℃のオーブンで30分焼いたら完成。

POINT! しっかり混ぜるのがポイント。焼き立ても美味しいが、冷蔵庫で冷やすとしっとりしてさらに美味しい。甘さ控えめになっているので、甘いのが好きな人は砂糖を少し足すとよい。

焼いて巻くだけ！
バウムクーヘン風
ホットケーキ

裏ワザ！ 卵焼きのように
焼いて巻く！

楽しいおやつ！

材料（1本分）

ホットケーキミックス…100g バター（有塩）…10g
卵…1個 はちみつ（または砂糖）…大さじ1〜
牛乳…150mℓ サラダ油…適量

つくり方

1

耐熱ボウルにバターを入れ、電子レンジで加熱して溶かす。サラダ油以外の材料を加えて混ぜ、生地を作る（ゆるめがよい）。

2

裏ワザ!

卵焼き器を温め、薄く油をひいて、**1**を薄く（3mm厚さ程度に）流し入れて、卵焼きをつくるように巻く。

3

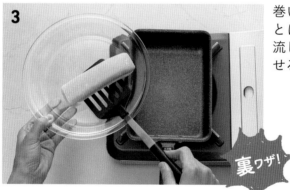

裏ワザ!

巻いた生地は1回ごとに取り出し、**1**を流し入れて、端にのせる。

4

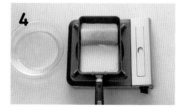

表面に気泡ができたら、また巻く。これを5回ほど繰り返す。焼けたら少し冷まし、ラップでぴったりと包んで、10分以上休ませる（冷蔵庫で一晩休ませると美味しい）。

POINT!

はちみつ大さじ1だと甘みが少ないので、バターやジャムを添えてもよい。焼き色をしっかりつけると層（木目）がきれいに出る。無塩バターを使う場合、塩を微量（隠し味に）加えると甘さが引き立つ。

メレンゲなしで本格的！
濃厚ガトーショコラ

裏ワザ！　面倒なメレンゲづくり
なしでも美味しく濃厚！

濃厚チョコ！

材料（15cm丸型1台分）

チョコレート（板チョコでOK）…100g
バター…50g
生クリーム（植物性でOK）…50mℓ
卵…2個

砂糖…70g
薄力粉…30g
純ココア…30g
粉砂糖…適量（お好みで）

つくり方

1 耐熱ボウルか耐熱皿に細かく割ったチョコとバターを入れて電子レンジで加熱する。溶けたら泡立て器で混ぜる。

裏ワザ！

2 別のボウルに卵を割り入れてほぐし、砂糖も入れて、泡立て器で少し白っぽくなるまでしっかりと混ぜる。

3 **2**のボウルに**1**と生クリームを入れて泡立て器で混ぜ、ふるった薄力粉とココアを入れてゴムベラでさっくり混ぜる。

4 クッキングシートを敷いた型に生地を流し入れて170℃に予熱したオーブンで35〜40分焼く。竹串を刺して生の生地が付かなければ焼き上がり。冷めたらお好みで粉砂糖を振る。冷蔵庫で一晩寝かせると美味しさがアップする。

POINT! 卵と砂糖を混ぜる時は、しっかりと。ただし、角が立つほど泡立てなくても大丈夫。焼きたてはふくらむが、冷めると少ししぼむ。

焼くまで15分!
絶品りんごケーキ

裏ワザ! 泡立て不要!

かわいい

材料（18cmのホール1台分）

りんご（ふじ等）…1個

☆薄力粉…150g

☆ベーキングパウダー（古いものを使うと
　膨らまないので注意）…小さじ1（3g）

卵…1個

砂糖…80g

バター（またはマーガリン）…60g

牛乳…大さじ3

レモン汁…大さじ2

つくり方

1 型にクッキングシートを敷く。☆は合わせてふるう。

2 りんごは6分割のくし形切りにし、皮をむいた面に5本ほど縦に切り込みを入れ、レモン汁をまんべんなく振りかける。バターをやわらかくなるまで電子レンジで加熱する（500Wで30秒くらいずつ、様子を見ながら）。オーブンを180℃に予熱する。

3 バターを泡立て器で混ぜながら、砂糖、溶き卵を2〜3回に分けて順に加える。

裏ワザ！

4 ゴムベラに持ちかえ、☆の半量と牛乳を加えてさっくりまぜる。残りの☆も加えて同様に混ぜる。生地を型にならしながら入れる。**2**を切り込みが上になるように放射状に並べる。180℃のオーブンで40分〜50分焼き、型から出してよく冷ます。お好みで茶こしで粉糖（分量外）を振る。

POINT! 粉をふるうのが面倒なときは、ボウルに入れて泡立て器でグルグル混ぜて使ってもよい。焼成の途中、焦げそうなときはアルミホイルでふたをするとよい。

フライパンでできる！
つやつや梨ケーキ

みずみずしい！

裏ワザ！ 濃厚な梨の甘煮と
ホットケーキミックスの
ふっくらケーキ！

材料（直径20cmのフライパンと蓋を使用）

〈生地〉
ホットケーキミックス…100g
溶き卵…1/2個分（約25g）
砂糖…10g
牛乳…80ml
バター…5g

〈梨の甘煮〉
梨…1個
砂糖…大さじ1
バター…10g

つくり方

梨の皮をむいて芯を取り、約1cm厚さのくし形に切る。フライパンに梨、砂糖、バターを入れて混ぜてから火にかけ、中火にしてふたをする（時々混ぜる）。3分くらいしたらふたを取り、混ぜながら弱火〜中火で3分位加熱し、煮汁が煮詰まって来たら火を止める。

1を、フライパンに放射線状に並べる。

ボウルにホットケーキミックス、卵、砂糖、牛乳を入れて泡立て器で混ぜる。バターを耐熱皿に入れ、電子レンジ（600W）で約20秒加熱して溶かし、ボウルに加えて混ぜる。

裏ワザ！

2のフライパンに**3**の生地をそっと流し込み、ふたをして極弱火で、8〜10分くらい様子を見ながら焼く。火を止め、ふたをしたまま5分おいたら、ゴムベラなどでフライパンの底からケーキをきれいにはずす。フライパンに大きめの器をかぶせ、器ごとフライパンをひっくり返してケーキを取り出す。

POINT!

梨の甘さの違いによって、出来上がりの甘さも変わってくるので、好みに合わせて砂糖の分量を調節する。使用するフライパンの大きさや火加減に合わせて、様子を見ながら焼く時間を調節する。

簡単デコレーション！
即席チョコペンの作り方

裏ワザ！ 市販の袋入りチョコが
あればOK!

楽しい！

材料（つくりやすい分量）
大袋入りのチョコレート…必要分
湯…適量

つくり方

1 湯に小袋のままチョコを浮かべて溶かす。

裏ワザ!

2 ハサミでチョコの袋の耳を切る（袋を開けないように注意）。

3 角を切り落とすとペン先の出来上がり。

裏ワザ!

デコレーションする。

4

POINT! 切り落とす角を大きさで文字や模様の太さを調整できる。

アイスを溶かして！
ババロア風プリン

色あざやか！

裏ワザ！

アイスの種類だけ、
いろんな味がつくれる！

材料（プリンカップ3個分）
お好みのアイスクリーム…200g
牛乳…100ml
粉ゼラチン…5g

つくり方

裏ワザ！

1

アイスを耐熱容器に移し、電子レンジで2分加熱して溶かす（写真では抹茶アイス）。

2

牛乳を電子レンジで2分加熱して、粉ゼラチンを入れ、ぐるぐる混ぜて溶かす。

3

1に**2**を入れて混ぜ、カップに流し入れて冷蔵庫で1〜2時間冷やしたら完成。

POINT!

抹茶やイチゴなどお好みのアイスで。ゼラチンが溶けなくてダマになってしまったら、鍋で温めて溶かすかこして牛乳をなめらかにする。

簡単‼アイスdeババロア風プリン？　by meron　レシピID：1056123　**139**

ゼラチン不要！
バナナのふるふるプリン

ふるっふる！

裏ワザ！ 冷蔵庫に入れるまでの
所用時間5分！

材料（3〜4個分）

バナナ（斑点がたくさんあるもの）…200g（正味）
牛乳（成分無調整）…150㎖
レモン汁…小さじ1

つくり方

1 バナナは皮をむいて耐熱皿に乗せ、ふわっとラップをかける。

2 1を電子レンジ（600W）で2分加熱する（バナナからしっかり汁が出るまでが目安）。

3 牛乳とバナナ、レモン汁（バナナから出た汁も）をミキサーやフードプロセッサーにかける。

裏ワザ！

4 すぐに、水で濡らしたカップに注いで、冷蔵庫で冷やし固める。お好みでバナナやホイップクリーム、ミントなど（いずれも分量外）をトッピングする。

POINT! バナナは崩れて黒いものではなく、斑点がたくさん出てバナナの香りが強く、しっとりしたものを使用。レモン汁は市販品でOK。

バナナでつくる！
簡単フローズンヨーグルト

さわやか〜！

裏ワザ！

冷凍用保存袋で
材料を混ぜるだけ！

材料（つくりやすい分量）
バナナ… 1本
プレーンヨーグルト… 200g
はちみつ… 20〜30g

つくり方

1 冷凍用保存袋（約20×18㎝のもの）に皮をむいたバナナを入れる。

2 冷凍用保存袋の上から手のひらで押し、バナナをつぶす。

裏ワザ！

3

2にプレーンヨーグルトとはちみつを入れ、冷凍用保存袋の上から手でもんで混ぜる（バナナの甘さによって変わってくるので、ここで味見をして、お好みの味になるようにはちみつの分量を調節）。冷凍用保存袋の空気を抜いて口をしっかり閉じ、冷凍庫に入れて凍らせる。食べる際は冷凍用保存袋の上からもんでかたまりを崩し、食べる分だけ取り出す。

POINT! はちみつの代わりに、砂糖や練乳などお好みのものを入れてつくってもOK。冷凍保存袋にはファスナーが付いているので、食べたい時に食べたい分だけ取り出して、残りは冷凍庫で保存する。

好みの味が楽しめる！
オールドファッション

カリッ＆しっとり！

裏ワザ！

竹串を使って、
最高の「割れ目」をつくる！

材料（つくりやすい分量）

無塩バター…30g

砂糖…80g

卵…1個

バニラオイル…適量

薄力粉…200g＋適量

ベーキングパウダー…小さじ1

揚げ油…適量

〈トッピング〉

シナモンパウダー＋砂糖…適量

きなこ＋砂糖…適量

板チョコレート（湯煎で溶かす）…適量

つくり方

1 やわらかくしたバターに砂糖を入れて軽く混ぜる。卵とバニラオイル、合わせてふるった粉類を加える。こねずに、シャリを切るようにヘラで混ぜる。ボロボロになって混ざってきたら、手でぎゅっと合わせてひとまとめにする。冷蔵庫でしばらく寝かせる。

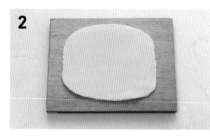

2 約23×15cmの大きさ（約8mm〜1cm厚さ）に伸ばし、型抜きする。6個型抜きできるぐらいが目安。

3 ドーナツの輪の真ん中、割れ目を作りたい部分にぐるっと一周、竹串でサッと浅く線を書く（これできれいな割れ目ができる）。

裏ワザ！

4 揚げ油を170℃に熱し、両面をキツネ色に揚げる。お好みのトッピングをする。

POINT! 冬場など材料が全て冷たい場合は、バターがすぐに固まってしまうので、少しゆるめでつくりはじめるとよい。

卵なしでOK!
簡単やみつきクッキー

止まらない！

裏ワザ!

ポリ袋でモミモミするだけ！

材料（約30枚分）
薄力粉…120g
砂糖…40g
マーガリン…60g

つくり方

1 裏ワザ!

厚手のポリ袋に薄力粉と砂糖を入れる。

小さめのボウルやお椀などにポリ袋を重ねて、量りながら入れると楽チン。袋の口を軽くねじって持って空気を入れ、袋をふる。これで粉ふるい完了。

2

1の要領でマーガリン（冷たいままでOK）も入れたら、粉っぽさがなくなるまで袋をもみ込む。

3

袋のまま麺棒で生地を5mmくらいの厚さに伸ばす。袋を四角くたたむとやりやすい。

4

袋をキッチンバサミで切り開き、好みに型抜きして、クッキングシートを敷いた天板に並べる。170℃に予熱したオーブンで20分ほど焼いたら出来上がり。焼きたてはやわらかいが、冷めたらサクサクになる。

POINT!

袋でやりにくい場合は、ボウルでこねてもOK。もし生地の水分が少なくてまとまりにくかったら、牛乳（分量外）を小さじ1から足して調節する。生地は棒状にして冷凍しておけば、凍ったままスライスしていつでも焼ける。

切ってのせて焼くだけ！
ナッツマシュマロクッキー

パリッと甘い！

裏ワザ！ とろ〜りマシュマロが
パリッと焼き上がる！

材料（つくりやすい分量）
マシュマロ（小さめ）…約20個（好みで調整）
ナッツ（アーモンド、くるみ等）…約20個

つくり方

1

マシュマロを適当な大き
さに切る。

2

オーブンシートを敷いた
天板に、マシュマロをあ
る程度間隔をあけてのせ
る。120℃位の低温のオ
ーブンに入れる。

3

裏ワザ！

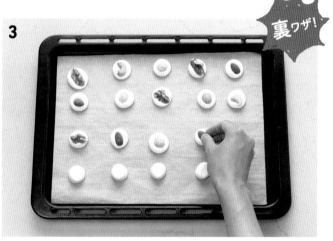

60分ほどじっくりと焼く。途中、15分ほどでマシュマロがや
わらかくなった時、上にナッツを押すようにのせる。そ
の後、45分ほど焼いて出来上がり。焼き終わりはやわらかくても、
冷めるとパリッと美味しくなる。

POINT!　小さめのマシュマロを使うと便利。マシュマロが大きい場合は、あらかじめ小さくカッ
トした方がよい。そうでないとマシュマロ同士がくっついてしまう可能性がある。

フライパンで失敗知らず！
ふわふわ蒸しパン

裏ワザ！

失敗知らず！
まんまるのかわいい蒸しパン！

ふっかふっか！

材料（カップ6〜7個分）

ホットケーキミックス…150g

☆卵…1個

☆砂糖…20g（お好みで増減OK）

☆牛乳…70mℓ

☆サラダ油…大さじ1

つくり方

1 ボウルに☆の材料を入れて泡立て器で混ぜる。

2 1にホットケーキミックスを入れてゴムベラでさっくり混ぜる。

3 ココット型（耐熱なら何でもOK）かプリンカップに紙カップを敷き、2を7分目まで入れる。

4 フライパンに2cm深さまで水を入れて沸騰したら、3を入れて中火にする。フライパンのふたをして12分蒸す（水滴が落ちるのが気になる時は濡らしたふきんでふたを包むとよい）。

裏ワザ!

POINT! きれいな丸い蒸しパンにするには、ココット型やプリンカップを使うのがおすすめ。中に敷くものもアルミカップより耐熱の紙カップがおすすめ。

簡単手づくり！
カッテージチーズ

裏ワザ！ 沸騰間際の牛乳に
レモン汁を投入！

さわやか～！

材料（つくりやすい分量）
牛乳…1ℓ
レモン汁…大さじ4

つくり方

1

牛乳を鍋に入れ、沸騰直前まで加熱する（沸騰すると膜が張ってしまうので注意）。

2

火を止めたらレモン汁を入れ、しばらく放置する。

裏ワザ!

3

分離してきたら、静かに混ぜて、しっかり分離するまでしばらくおく。

4

大きめのザルとボウルを準備する。ザルに布巾か厚手のクッキングペーパーを敷いて、**3**を濾す（しっかり分離していないと、乳清が白くにごっている）。清潔な容器に、出来上がったチーズと乳清をそれぞれ分ける。保存は冷蔵庫で（なるべく早く消費したほうがよい）。濾す時間にもよるが、チーズの出来上がり分量は200〜300gの間。

POINT!

レモン汁の代わりに酢でもつくれる。チーズをそのままサンドイッチやサラダに使うときは、塩少々を加えると味が引き立つ。乳清は、夏場は牛乳と砂糖をプラスして、サワードリンクにするのがおすすめ。カレーなどの煮込み料理などにも水の代わりに使える。

切り餅でつくる！
お手製いちご大福

もっちもち！

裏ワザ！ 切り餅をつきたてのように
やわらかくして包む！

材料（3個分）
いちご…大きめ3個
切り餅…3切れ
水…大さじ1
あん（手作りでも市販でも可）…90g
片栗粉…適量

つくり方

1 いちごは洗って、キッチンペーパーで水気を拭く。あんを3等分に丸めて、いちごを包む。

裏ワザ！

2 耐熱ボウルに餅と水を入れて、電子レンジ（600W）で約2分加熱してやわらかくしてから、余分な水分を捨てる。ヘラでよく練ると、つきたてのようになる。

3 バットや皿に片栗粉を敷き、餅を3等分にして置く。

4 1を餅で包む（餅を引っ張りながらすると包みやすい）。

うどんがオヤツに！
モッチモチみたらし団子

しあわせ〜

裏ワザ！

ゆでたうどんをめん棒でつぶして、
まーるくまとめるだけ！

材料（約15個分）
ゆでたうどん…250g
オリーブオイル（またはサラダ油）…適量

〈たれ〉
醤油…大さじ1と1/2
砂糖…大さじ3
みりん…大さじ1
片栗粉…大さじ1
水…100mℓ

つくり方

1 うどんをポリ袋に入れて、めん棒で縦と横に押しつぶすようにして伸ばす。

2 しっかりつぶしたら、手にオリーブオイルをつけて団子をつくり、火のついていないフライパンに並べる。

裏ワザ！

3 火にかけて中火で焼く（オイルがついているので油はひかない）。フライパンを揺するとコロコロ転がる。

4 焼けたら器に取り出し、同じフライパンにたれの材料をすべて入れて、弱火で混ぜる。しっかりとろみがついたら火を止め、団子にかけたら完成。

オーブンに入れるだけ！
ねっとり甘～い焼き芋

裏ワザ！

さつまいもをホイルで包んで
低温でじっくり加熱！

ねっとり！

材料

さつまいも…食べたいだけ

つくり方

1

さつまいもはきれいに洗う。大きい場合は、縦半分に切り、切り口にはクッキングペーパーを当てる。(断面がアルミホイルにくっつくのを防ぐ)。

2

さつまいもをアルミホイルで包む。

3

160℃に設定したオーブンで90分焼く(予熱不要)。竹串で刺してみてスーっと通れば完成。通らないときはさらに焼く。

裏ワザ!

POINT! アルミホイルで包まないと、表面の水分が抜けて干からびたようになるので注意。焼き上がったあとオーブン内に放置しておくとさらに美味しい。

【監修】

クックパッド株式会社

"毎日の料理を楽しみにする"というミッションのもと、1998年より料理レシピ投稿・検索サービス「クックパッド」の提供を開始。現在の投稿レシピ数は337万品を超え、国内では月間約7400万人（2020年6月末現在）に利用されている。また、世界74カ国、32言語でもサービスを展開している。

 cookpad 337万レシピから厳選

クックパッドの 裏ワザ料理ベスト100

2020年9月29日 第1刷発行

監修　クックパッド株式会社

発行所　ダイヤモンド社
　　　　　〒150-8409東京都渋谷区神宮前6-12-17
　　　　　https://www.diamond.co.jp/
　　　　　電話／03-5778-7233（編集）　03-5778-7240（販売）

装丁　岡 睦／更科 絵美（mocha design）

制作・進行　ダイヤモンド・グラフィック社

印刷　勇進印刷

製本　ブックアート

編集担当　田中 泰